Stadt Land Seen

Blick vom Bungsberg nach Schellholz
Aquarell 2015 9,4 x 21 cm

Kirchnüchel
Acryl 2015
191 x 175 cm

Stadt Land Seen

Klaus Fußmann in Holstein

Gemälde Pastelle Aquarelle

Edition Eichthal 2016

Stadt Land Seen
Klaus Fußmann in Holstein
64 Ölgemälde, Pastelle und Aquarelle

Buch zur gleichnamigen Ausstellung
vom 13. März bis 3. Juli 2016
im Ostholstein-Museum Eutin
23701 Eutin, Schlossplatz 1, Tel. 04521 – 788 520
Konzipiert in Anlehnung an die Landesgartenschau Eutin
vom 28. April bis 3. Oktober 2016

Begleitende Texte:

Edition Eichthal, 24340 Eckernförde, Eichthal 1, Tel. 04351 – 82584
Mail jess@edition-eichthal.de Web www.edition-eichthal.de

ISBN 978-3-9817066-2-8

ythologischer
rsuch:
mit Zwerg
Garten
auf Leinwand
15
1 x 175 cm

Die Entdeckung der Holsteinischen Schweiz – damals und heute

Klaus Fußmann gehört zu den bekanntesten Landschaftsmalern unserer Zeit. Seit vielen Jahren kennt er Ostholstein und die Umgebung: Er bereiste die Gegend bereits in den sechziger und siebziger Jahren als junger Mann; heutzutage unterhält er hier intensive berufliche und private Kontakte und ist mit der ostholsteinischen Landschaftsmalerei der vergangenen zwei Jahrhunderte, zu deren Vertretern Maler wie Ludwig Philipp Strack (1761–1836), Friedrich Loos (1797–1890), Hinrich Wrage (1843–1912) und viele mehr gehören, durchaus vertraut. Und doch hatte das nordöstliche Holstein bisher keinen Eingang in sein eigenes künstlerisches Schaffen gefunden. Dies mag vor allem dem Umstand geschuldet sein, dass Klaus Fußmann bereits seit Jahrzehnten die Sommermonate im Landesteil Schleswig in seinem Haus in Gelting verbringt und vornehmlich die dortige Küste, die Schlei mit ihren wechselnden Ufern und jenen von Weite und Meer geprägten landschaftlichen Raum in seinen Bildern umsetzt.

Das künstlerische Interesse an der ostholsteinischen Landschaft erwachte bei Klaus Fußmann vor gut zwei Jahren. Mit Blick auf die für das Jahr 2016 in Eutin geplante Landesgartenschau und bezugnehmend auf erste Skizzen entstand die Idee, hier in der Holsteinischen Schweiz zu malen, diesen Landstrich künstlerisch zu entdecken. Die Bilder sollten später nicht nur in einer umfassenden Ausstellung gezeigt, sondern auch in einem Buch veröffentlicht werden, in dem die Arbeiten des Malers mit Texten zur ostholsteinischen Landschaft aus heutiger und vergangener Zeit in Verbindung gebracht werden sollten. Tatsächlich wird in diesem Zusammenhang besonders deutlich, wie sehr sich der Blick auf die Landschaft Ostholsteins und der angrenzenden Gebiete gewandelt hat und wie verschieden sie durch die Jahrzehnte hindurch gesehen wurde.

Entscheidend für die Entdeckung der hiesigen Landschaft als Lebens- und Erholungsraum ist die um 1800 einsetzende literarische Würdigung der Holsteinischen Schweiz, die sich in den Anfangsjahren insbesondere auf die Umgebung Plöns und Eutins bezog.[1] In Reise- und Landschaftsbeschreibungen jener Zeit von Autoren wie Christian Cay Lorenz Hirschfeld (1742–1792) oder Wilhelm von Humboldt (1767–1835) ist durchaus noch eine Art leichter Verwunderung zu spüren, eine solch abwechslungsreiche, natürlich-schöne, beinahe idyllische Landschaft in dieser Gegend vorzufinden. Die literarische Würdigung ging einher mit der Entdeckung der ostholsteinischen Landschaft für die Malerei, an der Ludwig Philipp Strack während seiner Jahre als Hofmaler in Eutin mit seinen idealisierten und doch den realen natürlichen Gegebenheiten entlehnten Bildern maßgeblichen Anteil hat. Durch seine erste Kupferstichfolge zur hiesigen Landschaft, die 1799 erschien, machte er das bis dahin unbeachtete nordöstliche Holstein über die regionalen Grenzen hinaus bekannt.

Wie Ludwig Philipp Strack lebten in jener Zeit auch die literarischen Größen Johann Heinrich Voß (1751–1826) und Leopold Friedrich Graf zu Stolberg (1750–1819) in der Residenzstadt des damaligen Fürstbischofs und späteren Oldenburger Herzogs Peter Friedrich Ludwig (1755–1829). Insbesondere Johann Heinrich Voß war es, der durch seine Idyllen-Dichtung „Luise“ den Blick des Adels und des wohlhabenden Bürgertums auf die Landschaft rund um Eutin lenkte. Seine „empfindsame“ Dichtung, die 1783 erstmals erschien, wurde innerhalb kurzer Zeit zu einem Bestseller

---

1 Vgl. dazu vor allem: Kaufmann, Gerhard [Hrsg.]: *Lieblich zum Auge, gewinnend zum Herzen. Der Ukleisee: wie um 1800 Ostholsteins Landschaft für die Malerei entdeckt wurde.* Katalog zur Ausstellung vom 12. September 1986 bis 22. März 1987 [Altonaer Museum, Norddt. Landesmuseum], Hamburg 1987.

und hatte – auch angeregt durch spätere illustrierte Ausgaben des Buches – zur Folge, dass zahlreiche Reisende sich einfanden, um auf den Spuren Luisens durch die ostholsteinische Landschaft zu wandeln und ihrem Bedürfnis nach dem einfachen Landleben nachzukommen. Es war der Beginn des Reisetourismus in dieser Region.

Das nordöstliche Holstein blieb auch in späteren Zeiten Ort zahlreicher literarischer Abhandlungen, lieferte aber auch weiterhin der Malerei in den folgenden Jahrzehnten beliebte Motive. Dadurch wurde die Popularität dieses bis ins 18. Jahrhundert kaum wahrgenommenen Teils Norddeutschlands weiter gesteigert. Insbesondere Hinrich Wrage, der jahrelang eine Malschule im heutigen Bad Malente-Gremsmühlen unterhielt und von dort aus deutschlandweit Ausstellungen mit seinen ostholsteinischen Landschaftsbildern beschickte, hatte mit seiner Kunst am Ende des 19. Jahrhunderts großen Anteil an dieser Entwicklung.

Mit der Tradition der Landschaftsmalerei in dieser Region war Klaus Fußmann vertraut, als er in den vergangenen zwei Jahren Ausflüge in die Holsteinische Schweiz unternahm, vor allem in die Gegend von Plön und Eutin. Unabhängig von den Vorbildern fand er dort seine Motive und hielt sie in Skizzen, meist aber als fertig ausgeführte Bilder direkt vor Ort fest: Schlösser und Herrenhäuser auf dem Lande, Seen, Felder, Knicks und Strandlandschaften fanden Eingang in über 50 Arbeiten. Er malte unbekannte, von ihm zufällig entdeckte Motive und aquarellierte Grömitz, Heiligenhafen, Cismar, Nüchel, Selent und viele andere Orte der Region. Und so geschah es, dass man eines Juli-Nachmittags am Schlossplatz auf dem Weg zum Parkplatz einen Mann bei offener Kofferraumklappe auf einem Hocker sitzen sehen konnte, den Blick auf das Eutiner Museum gerichtet, die Haltung vornüber gebeugt und auf dem Schoß einen Malblock: Es war Klaus

Fußmann, der auf einer seiner Fahrten durch die Holsteinische Schweiz in Eutin Halt gemacht hatte, um das Schloss und unser Ostholstein-Museum zu malen.

Dass im Rahmen der diesjährigen Landesgartenschau in Eutin Garten- und Blumenbilder von Klaus Fußmann nicht fehlen dürfen, versteht sich von selbst. Sie stellen eine wunderbare Ergänzung des Buches und der Ausstellung dar. Alle Gartenmotive sind in Schleswig-Holstein entstanden, und auch sie zeigen, wie intensiv der Künstler die Natur erlebt und wie es ihm immer wieder gelingt, die Stimmung in seinem Garten, die Blumen- und Pflanzenwelt wiederzugeben. Sie lenken den Blick des Betrachters vom Großen auf das Kleine und runden das landschaftliche Erleben und die Sicht Klaus Fußmanns auf die Natur eindrucksvoll ab.

Der landschaftliche Reiz der Holsteinischen Schweiz ist geblieben und wird in Klaus Fußmanns Arbeiten, leicht expressiv überhöht, noch einmal bekräftigt. Die Region ist unverändert ein beliebtes Urlaubsgebiet, das im Miteinander von landschaftlicher Vielfalt und kulturellen Akzenten eine abwechslungsreiche Gegend mit hoher Lebensqualität darstellt – und auch in künstlerischer Hinsicht nichts von seiner Attraktivität eingebüßt hat. Klaus Fußmanns Arbeiten sind der schönste Beweis.

Julia Hümme

Eutin, Ostholstein-Museum
Pastell 2015 42 x 56 cm

Eutin und
Holsteinische Schweiz

Bungsberg
Aquarell und Gouache 2015
30,8 x 40,8 cm

Paraphrase auf Kirchnüchel
Öl auf Leinwand 2015
78 x 100 cm

Es gibt ohne Zweifel Landschaften von auffallender Schönheit, von grossartiger Wirkung, von reicherer Fruchtbarkeit des Bodens, sicherlich aber keine, die lieblicher zum Auge und gewinnender zum Herzen guter, sinniger Menschen spricht als die unsrige.

Aus > Luise < (1783–1784)

Stehn Sie ein wenig still; mir pocht das Herz! Wie erfrischend
Ueber den See die Kühlung heraufweht! Und wie die Gegend
Ringsum lacht! Da hinab langstreifichte, dunkel- und hellgrün
Wallende Felder voll Korn, mit schimmernden Blumen gesprenkelt!
Dort das umbüschte Dorf, und der Thurm mit dem blinkenden Seiger!
Hier auf blumiger Wiese die röthlichen Küh´, und der Hügel
Von Buchweizen umblüht; und der blaue See mit der Waldung!
Schaut doch umher, ihr Kinder, und freut euch!

Johann Heinrich Voß

Allee bei Wilhelmshöhe
Öl auf Leinwand 2013
91 x 100 cm

Allee bei Wilhelmshöhe
Pastell 2014
42 x 56 cm

Cismar
Aquarell und Blaustift 2015
29,5 x 39,5 cm

Cismar mit Weißem Haus
Aquarell und Blaustift 2015
29 x 39,5 cm

Bei Nüchel
Pastell 2015
41 x 56 cm

Theorie der Gartenkunst (1779–1785) Band 5

Nach so manchen Reisen, die ich in und außer Deutschland gemacht, muß ich doch gestehen, daß die hollsteinischen Gegenden in manchem Betracht den Ruhm einer vorzüglichen Schönheit behaupten. Der gewöhnliche Weg, den Reisende von Hamburg aus in dieses Herzogthum über Bramstädt und Neumünster zu nehmen pflegen, stimmt gar nicht der Erwartung zu, die sie sich von der Fruchtbarkeit und Anmuth dieses Landes machen dürfen. Fast überall wird auf dieser Seite das Auge von dürren Heiden, von sumpfigen Moorfeldern, und von der unbegrenzten Flachheit der Gegenden ermüdet. Nur erst zu Bordesholm, zwei Meilen vor Kiel, beginnt die Landschaft sich in der Anmuth zu zeigen, die man in Holstein zu sehen gewohnt ist. Fruchtbare Felder wechseln mit Wäldern, mit Weiden und hellen Seen ab, worinn sich die kleinen Hügel und die Gebüsche spiegeln, die überall die Flächen unterbrechen. Der angenehmste Eintritt in Hollstein geschieht durch die reizenden Landschaften von Plön und Eutin, und auf diesem Wege trifft man gleich einige der schönsten Plätze, als Aschberg und Sielbeck, an.

Wenn der gute Geschmack und die Liebe zu schönen Gärten sich hier einst mehr erheben sollte, so würde nicht leicht eine andere Gegend von Deutschland den Vorzug der hollsteinischen übertreffen. Der weite Umfang und die Fruchtbarkeit der Landgüter, der Reichtum ihrer Besitzer, die Schönheit der Wälder und Wiesen, die Abwechselung der Seen, der Teiche, der Hügel und beträchtlichen Weiden, alles dieß bietet sich zu den trefflichsten großen Anlagen und einzelnen Verschönerungen an.

Christian Cay Lorenz Hirschfeld

Schloss Eutin
Pastell 2015
41 x 56 cm

Der Uglei-See

Von Hügeln dicht umschlossen, geheimnisvoll
Verhüllt in Waldnacht dämmert der Uglei-See,
Ein dunkles Auge, das zur Sonne
Nur um die Stunde des Mittags aufblickt.

Weltfremdes Schweigen waltet hier umher, es regt
Kein Hauch des Abgrundes lauteren Spiegel auf,
Nur in des Forstes Wipfeln droben
Wandelt wie ferner Gesang ein Brausen.

Emanuel Geibel

Die Sage vom Ukleisee

Auf der Anhöhe, wo jetzt das Jagdschlösschen steht, befand sich vor langer Zeit ein Schloss, in dem ein junger, schöner Ritter lebte.

Morgens ging er zum Jagen in den Wald und begegnete dort oft der Tochter eines armen Bauern aus Sielbeck, die ihres Vaters Pferde auf die Wiesen führte. Der Ritter, von ihrer Schönheit entzückt, verliebte sich in sie, doch sie wies alle seine Annäherungen und Geschenke zurück. Auf seine Liebesschwüre entgegnete sie, dass sie als Tochter eines armen Mannes niemals seine Frau werden könne. Aber sie hatte sich bereits unsterblich in den wilden Ritter verliebt.

Eines Morgens, als er sie wieder mit Bitten und Versprechungen bedrängte, kamen sie zu einer kleinen Kapelle im Wald. Der Ritter führte das Mädchen zum Altar und sagte: „Hier vor Gottes Augen nehme ich Dich als meine Gemahlin. Der Himmel soll mich vernichten, wenn ich Dir nicht treu bleibe." Das Mädchen glaubte seinem Schwur und traf den Ritter von nun an jeden Morgen im Wald. Aber als sie ihn immer häufiger an sein Versprechen erinnerte, kam er immer seltener und schließlich gar nicht mehr. Das Mädchen fühlte sich verlassen und betrogen, wurde krank vor Gram und starb.

Inzwischen hatte sich der Ritter mit einer reichen Gräfin verlobt. Die Hochzeit sollte in jener Waldkapelle stattfinden, in der er dem Bauernmädchen die Treue geschworen hatte. Als der Pfarrer das Brautpaar zusammenführen wollte, erschien plötzlich der Geist des betrogenen Mädchens und zeigte drohend auf den Bräutigam. Der Ritter fiel in Schrecken nieder. Ein furchtbares Gewitter brach aus, und die Kapelle mit allen, die darin waren, versank im Boden und es entstand der See, den wir heute kennen.

In der Abenddämmerung, bei ganz stillem Wasser, kann man die Glocken der Kapelle unter Wasser läuten hören.

Volksmund

Bei Kirchnüchel
Pastell 2015
29,5 x 39,5 cm

Bei Nüchel, Serpentine
Pastell 2015
41 x 56 cm

Rinder vor Landschaft
Öl auf Leinwand 2014
92 x 100 cm

Aus dem Tagebuch einer Reise nach Norddeutschland im Jahre 1796

.... Von Eutin bis Ploen fährt man durchaus zwischen lachenden Feldern, und angenehmen Gehölzen hin, und an mehreren Stellen hat man schöne Aussichten auf die Seen um Eutin und Ploen. Vorzüglich schön ist die, welche man etwa auf der Hälfte des Weges nach dem Ploener See, und auf das Ploener Schloß hat. Von da an fährt man auch meistenteils neben dem See hin. Das Ploener Schloß hat eine überaus schöne Lage. Es ist von beiden Seiten von dem See, der sich durch eine Landenge in den kleinen und großen theilt, umgeben, und da die Ufer des Sees viele Landengen, kleine Vorgebirge und Erdzungen bilden, auch im See selbst einige Inseln sind, so ist der Anblick überaus wechselnd und mannigfaltig. Das Wasser ist bald durch und durch vom Lande durch- und eingeschnitten, bald sieht man eine große und schöne Masse auf eine weite Entfernung hin. – Der Schloßgarten ist eine in den See hineingehende Erdzunge. Er ist mit großen schönen Buchen bepflanzt in welchen einzelne Alleen gehauen sind, und der Weg längs den Ufern des Sees ist überaus angenehm. – Fast noch schöner aber ist ein Ort, Bar Müllers Koppel genannt, auf dem Wege zwischen Ploen und Aschberg. Man geht dort aus der Tiefe einen steilen, mit Buchen bewachsenen Berg am See hinauf, hat eine ganz neue Aussicht auf denselben, und vorzüglich zeigt sich das Ploener Schloß von dort sehr vorteilhaft. – Rund um den See liegen eine Menge von Landgütern, von denen Nehmten, das einem Herrn von Kronstern gehört, die schönste Aussicht haben soll.

Wilhelm von Humboldt

Blick auf Plön von Tramm
Pastell 2015
23,8 x 30,5 cm

Plön

und

Malente

Fahrt über den Plöner See (1942)

Es schieben sich wie Traumkulissen
Bauminseln stets erneut vorbei,
Als ob ein blaues Fest uns rufe,
Die Landschaft eine Bühne sei.

Sich wandelnd mit des Bootes Gleiten
Erfrischt den Blick Laub, Schilf und See:
Hier könnte Händels Oper spielen,
Vielleicht Acis und Galathee.

Die Finger schleifen durch die Wasser,
Ein Gurgeln quillt um Bordes Wand,
Die Ufer ziehn wie Melodieen,
Und meine sucht nach deiner Hand.

Wenn alle nun das Schifflein räumen,
Wir endigen noch nicht das Spiel.
Fährmann! die runde Fahrt noch einmal!
Sie selbst, ihr Ende nicht, das Ziel.

Es schieben sich wie Traumkulissen
Bauminseln stets erneut vorbei,
Als ob ein blaues Fest uns rufe,
Die Landschaft eine Bühne sei.

Sich wandelnd mit des Bootes Gleiten
Erfrischt den Blick Laub, Schilf und See:
Wir dürfen Händels Oper hören,
Man gibt Acis und Galathee.

Wir sehen, was wir hören, fühlen,
Die Ufer *sind* die Melodien.
Bei ihrem Nahen, ihrem Schwinden,
Wie gern mag uns das Schifflein ziehn!

Dort schwimmt bebuscht die Prinzeninsel,
Hier steigt die Kirche von Bosau –
Wir fahren durch den Schreck der Zeiten,
Beisammen noch, geliebte Frau.

Heißt solcher Übermut vermessen?
Rächt sich am Traum der harte Tag?
Muß seine Eifersucht uns treffen,
Wie den Acis des Riesen Schlag?

Die Götter sind nicht liebeleer –
Was ihr den beiden tatet, tut!
Die Nymphe flüchtete ins Meer,
Acis zerrann zu Bachesflut.

Wilhelm Lehmann

Malente, abends, 2 Personen
Pastell 2015
24 x 31 cm

Blick auf Plön von Trent
Pastell 2015
42 x 56 cm

Bei Trent, Hof mit Pferd und Kuh
Blaustift und Aquarell 2015
24 x 31 cm

Raps bei Lepahn
Pastell 2015
42 x 56 cm

Plön Schloßplatz
Pastell 2015
41,5 x 56 cm

Bei Klamp
Blaustift und Aquarell 2015
29 x 40,5 cm

Blick auf Plön von Trent mit kleinem Plöner See
Pastell 2015
42 x 56 cm

Lied auf dem Wasser zu singen (1783)

Für meine Agnes

Mitten im Schimmer der spiegelnden Wellen
Gleitet, wie Schwäne, der wankende Kahn;
Ach, auf der Freude sanftschimmernden Wellen
Gleitet die Seele dahin wie der Kahn;
Denn von dem *Himmel* herab auf die Wellen
Tanzet das Abendroth rund um den Kahn.

Ueber den Wipfeln des westlichen Haines,
Winket uns freundlich der röthliche Schein;
Unter den Zweigen des östlichen Haines
Säuselt der Kalmus im röthlichen Schein;
Freude des Himmels und Ruhe des Haines
Athmet die Seel‘ im erröthenden Schein.

Ach, es entschwindet mit thauigem Flügel
Mir auf den wiegenden Wellen die Zeit.
Morgen entschwinde mit schimmerndem Flügel
Wieder wie gestern und heute die Zeit,
Bis ich auf höherem strahlenden Flügel
Selber entschwinde der wechselnden Zeit.

Friedrich Leopold Graf von Stolberg

Malente
Pastell 2015
42 x 56 cm

Blick auf den Ukleisee

Auge in Auge mit dem tränensatten der Waldfee, dem blausten Aquarell aus dem Malkasten der Liebe.

Meine Liebe ist tief, sagt die Waldfrau. Ein kleiner Sommerwind bewegt ihren Wimpernkranz, verschattet das allzu Blauäugige. Siebzehn Meter misst die tiefste Stelle des Sees. Hier, sagt die Waldfrau, habe ich meinen Schmerz begraben, meine Liebe. Und hier wird sie immer wieder geboren, die Liebe. Seine war sterblich, die Liebe ist es nicht. Blind wird sie geboren. Blind steigt sie auf aus dem Schmerzensgrund. Blind geht sie in die Welt. Blind muss sie sein, damit sie lieben kann, was sie lieben muss: das Bitterkraut. So wird sie Braut. So wird sie sein – und die Seine – unter den Hainbuchen, den Eschen, den Eichen. Ein blasser Tagmond schaukelt ein Wiegenlied. Grüne Kerzen brennen in der Mittagshitze. Ein Falke kreist. Das ist die Liebe.

So pfeilschnell trifft sie ins Herz. So giftig.

Jetzt weint das schöne Ukleisee-Auge. Speist den See. So viele Tränen noch, so viele ungeweinte. Soviel verratene Liebe. Dieser See wird nicht austrocknen.

Auf dem Hügel, dort wo heute das Jagdschlösslein steht, wo man den Bund fürs Leben – oder eine kleine Lebenszeit – besiegeln kann mit schönen Fotos, wehenden weißen Schleiern und Narzissen im Brautstrauß, dort auf der Anhöhe hatte das weitverzweigte Geschlecht derer von Narziß zu Narcissus Wurzeln geschlagen. Eine alte Familie, die weit zurückreicht bis in die Antike. Schon bei Ovid in den Metamorphosen liest man von ihr.

Heute ist sie verbreiteter als je zuvor, und gar nicht mehr nur im Adel, hat alle Bevölkerungsschichten durchwachsen. Die narzistische Persönlichkeit feiert Erfolge. Im Netz findet sie jeden Spiegel, den sie braucht. Ein Klick, ein Selfie – man genügt sich.

Damals jedoch, als man noch nach Spiegeln suchen musste, nach Teichen und Seen, stillen Gewässern, um sich selbst zu bespiegeln, damals fand der Ritter vom

Ukleisee die Liebe in den liebenden Augen einer Waldfee, der Tochter eines armen Bauern aus Sielbeck.

Ich kenne die Sage. Sie wird immer wieder neu erzählt. Natürlich auch von mir.

Es war einmal ... mit diesem Satz, der schon am Anfang vom Ende spricht, beginnen alle Märchen. Und die Liebe ist ein Märchen.

Es war einmal ein junger Ritter, Spross aus der wilden, weißen Narzissen-Linie, der sogenannten Dichternarzisse, der verzauberte ein keusches, treuherziges Waldmädchen, ein Naturkind mit weizenblonden Haaren und himmelblauen Augen. Er betörte ihr schlichtes Gemüt mit blumigen Versen, die prächtiger und vergänglicher waren als alle Falter, die sie kannte. Auch war er schön von Gestalt. Geschmückt mit Ketten, die das Sonnenlicht einfingen und die wunderbar harmonierten mit seinem Schopf und den gelben Reitstiefeln, den gleichfarbenen Handschuhen aus feinstem Wildleder, die seine gepflegten, feingliedrigen Hände schützten, wenn er seine weiße Stute im Zaum hielt. Sein Samtumhang trug das Familien-Wappen: eine weiße Narzisse auf blutrotem Grund.

Er gewann ihr Herz.

Immer öfter verlor er sich in den Spiegeln ihrer Augen. Schöner war er nie zuvor. Ihre Liebe zeichnete alles weich: seine Dichterlippen, die so schöne Worte kannten und doch so hart und verschlossen waren. Seine strengen Brauenbögen, unter denen Amors Pfeile in halbmondförmigen Köchern lauerten, blieben verschattet. Seine Nase, an der sich schon einige Schönheits-Chirurgen zu schaffen gemacht hatten, war jetzt gerade, geradezu griechisch.

Er hatte das Herz der Waldfrau gewonnen.

Das Herz einer Waldfee blüht im Frühling mit gelben und weißen Anemonen. Im Sommer schwimmt es mit Rosen über den See. Im Herbst blutet es sich ein in Waldbeere und Eberesche. Im Winter wirft es ein Flockenfell über die vielen schutzbedürftigen Sommerkinder.

Es schlägt im Vierjahreszeiten-Rhythmus.

Er hatte ihr Herz gewonnen. Er verriet es. Er hatte ihr sein Wort gegeben an jenem heiligen Ort und brach es eben dort, mit der anderen, der Gräfin. Aber die Natur vergibt nichts und niemandem.

So wurde die sanfte Waldfrau wie ihre literarischen Cousinen – Melusine und Undine – zum Racheengel. Auf Liebesverrat stand der Tod. Gottlob, heute sieht man das lockerer. Die Opfer liegen auf gepolsterten Bänken bei Therapeuten. Die Täter kommen in der Regel davon. Aber wie? Auch sie müssen bluten: Alimente, Vermögensausgleich, Rentenanspruch, Unterhalt ...

Von der Rache der Naturfrauen, die Treulosen am Tage des Liebesverrats samt falschen Bräuten, Hochzeitsgesellschaften und Kirchlein zu vernichten und in den tiefen Wassern des Schmerzes zu ersäufen – ja, davon können die heutigen Betrogenen nur noch träumen.

Mit einem Blick auf den Ukleisee.

Ganz still muss man sein, ganz still, dann hört man die Glocken im See läuten.

Alles hat seine Zeit, das Hexenkraut, die Teufelskralle, der Ahornstab, die Liebe, der Schmerz, die Trauer.

Die Waldfee hat ihren schwarzen Flor abgestreift. Lichtgrün, smaragd und Herbstlaub sind ihre Farben. Alles blüht: das Leberblümchen, das Schleier-, das Schabocks- und das Christophskraut, selbst die vom Aussterben bedrohte Orchidee Vogel-Nestwurz gedeiht in ihrem Schatten.

Auf der Anhöhe im Jagdschlösschen tauscht man gerade die Ringe. Die Braut trägt einen Sommerhut aus Flattergras und hat die blauen Augen der Waldfee. Pan spielt Mozart. Die Schöne in Weiß bringt mir ein Glas Champagner. Wir prosten uns zu. Ich sehe, wie sich eine weiße Narzisse über das Ufer des Sees beugt.

Doris Runge

federn im eis

das seegras schweigt
die weide neigt
sich stumm über
das sumpfgrüne grab
von der sommerbraut
hängen
weiße federn
in eisdünner haut
man schaut
in einen gläsernen sarg
eine dunkle
zärtliche zukunft sagt
wenn es taut
wird sie aufsteigen
und singen

Doris Runge

Heiligenhafen, Badende
Blaustift, Aquarell und Gouache 2015
42 x 56 cm

Strand / Rettin
Blaustift und Aquarell 2014
22 x 31 cm

Strand bei Grömitz
Aquarell 2015
23 x 23,5 cm

Holsteinische Küste

Heiligenhafen (abends)
Blaustift, Aquarell und Gouache 2015
24 x 31 cm

Heiligenhafen

Auf einer Uferhöhe der Ostsee liegt hart am Wasser hingelagert eine kleine Stadt, deren stumpfer Turm schon über ein Halbjahrtausend auf das Meer hinausschaut. Ein paar Kabellängen vom Lande streckt sich quervor ein schmales Eiland, das sie dort den „Warder“ nennen, von wo aus im Frühling unablässiges Geschrei der Strand- und Wasservögel herübertönt. Bei hellem Wetter tauchen auch wohl drüben auf der Insel, welche das jenseitige Ufer des Sundes bildet, rotbraune Dächer und die Spitze eines Turmes auf, und wenn die Abenddämmerung das Bild verlöscht hat, entzünden dort zwei Leuchttürme ihre Feuer und werfen über die dunkle See einen Schimmer nach dem diesseitigen Strand herüber. Gleichwohl, wer als Fremder durch die auf- und absteigenden Straßen der Stadt wandert, wo hie und da roh gepflasterte Stufen über die Vorstraße zu den kleinen Häusern führen, wird sich des Eindrucks abgeschlossener Einsamkeit wohl kaum erwehren können, zumal wenn er von der Landseite über die langgestreckte Hügelkette hier herabgekommen ist. In einem Balkengestelle auf dem Markte hing noch vor kurzem, wie seit Jahrhunderten, die sogenannte Bürgerglocke; um zehn Uhr abends, sobald es vom Kirchturm geschlagen hatte, wurde auch dort geläutet, und wehe dem Gesinde oder auch dem Haussohn, der diesem Ruf nicht Folge leistete; denn gleich danach konnte man straßab und -auf sich alle Schlüssel in den Haustüren drehen hören.

Theodor Storm

Raps bei Lensahn
Pastell 2015
32 x 45 cm

Ostsee bei Rettin
Aquarell und Gouache 2014
42 x 56 cm

Strand, Rettin, mit Möwen
Blaustift, Aquarell und Gouache 2014
29,5 x 39,5 cm

Strand, Grömitz
Blaustift und Aquarell 2014
22 x 31 cm

Rettin, Strand, Blick nach Süden
Aquarell und Gouache 2015
15,3 x 25 cm

Rettin, Strand
Blaustift, Aquarell und Gouache 2015
15,3 x 25 cm

Bei Kremsdorf
Pastell 2014
42 x 56 cm

Bei Klamp, Raps, Paraphrase
Pastell 2014
42 x 56 cm

Drei alte Schwestern auf Heimfahrt nach Salzau (16. und 17. August 1942)

Seit Jahren, vielen Jahren und je älter ich wurde „drosselte“ ich in mir die Sehnsucht nach Salzau – dem Ort unserer Kindheit. Die beiden Schwestern sahen mir auch danach aus! Wir redeten so viel von früher; von unserer einzig glücklichen Kindheit, von Eltern, die außer Liebe uns alles gaben, was in ihrer Macht stand, nur für uns schafften, um lebenstüchtige Menschen heranzuziehen; vor allem auch lebensfrohe Menschen, die das Gute sahen, den Frohsinn der Arbeit erkannten, um ihn in ihr Leben zu tragen. Dem allen an Ort und Stelle noch mal nachzusinnen, dazu gehörte eben Salzau! Es wurde Zeit! Ich zählte 78 Jahre – die Schwestern wohl jünger, aber doch aus dem Schneider. Wenn wir noch einmal Wandervögel spielen wollten, so gab es kein Zögern.

Der Krieg im dritten Jahr nahm jeder Reise die Bequemlichkeiten fort. Die Kleinbahnen fielen aus, Omnibusse gingen aber nur für Arbeiter- und Berufler-Transporte. Hinter Schlafgelegenheiten und Fütterung standen große Fragezeichen?

Wir überschlugen also tapfer nur die eigene Leistungsfähigkeit, prüften das Wetter, die Schuhe, taten eiserne Rationen in möglichst leichte Handtaschen und dazu Regen – Sonnenschirm – Handstock in einem Ding für Alles! Und dennoch muß es beim Nächstenmal der Belastung (Schleppen) noch weniger!! sein. Es wurde heiß, gar schwül, wir wünschten Nachthemd, Wechselstrümpfe, gar Zahnbürste, Schuhanzieher zum Teufel! Wanderschwestern haben bedürfnislos zu sein in Totalität, d.h. „in der Sonne braten oder von ihr sich trocknen lassen!“ Wir brieten! Aber Blitze und Gewitterwolken rundum schickten keinen Tropfen. Dennoch, wir haben es geschafft!! Und ich glaube, meine letzten Jahre auf dieser Erde werden mir keine schönere Freude mehr, keine so herzbewegenden Erinnerungen nochmals bescheren können.

Ich mochte nie früh aufstehen. – Aber dieser Morgen sah uns drei alten Mosle-Schwestern schon eine Stunde zu früh am Abfahrtsort stehen. Es lohnte: der Bahnhof spie gerade ungezählte tausend Arbeiter von allen Ländern Europas aus, junge Kerle, die auf den deutschen Werften Frontkämpfer ersetzten, grundverschieden am Typ – Anzug – Haltung – Fußbekleidung. Aber alle hatten unternehmende Gesichter. Wir konnten nur staunen, und hätten beinahe unseren herangeglittenen Omnibus übersehen. Da heißt es „wer zu best drängelt – kommt mit“, die anderen bleiben traurig vorm weißen Strich stehen!!

Wir kamen so eben mit – vielleicht wegen der grauen Haare. Die köstliche, ganz köstliche Frühmorgensfahrt ging durch Holsteins lieblichste Dörfer und an schönen Gütern vorbei (Rastorf) – bis an den blauen Selenter See. Wir trainerten los, bis Salzau winkte. Unsere Badesteg Bucht wurde festgestellt. Wir träumten still (jeder seinem Erleben nachsinnend) durch den langen Park. Durch die Allee der uralten Lindenbäume, denen unser Bruder Ludwig mal neidete: „Da immer stehen zu dürfen!“ – wo er neben seinem Hauslehrer spazieren, eher: marschieren müsse! Meine Teufelsbrücke war verwittert, schon längst wohl, (der eiserne Riesenschirm stand, aber ohne gastliche Ruhebänke). – Über den Gutshof ging's am tot daliegenden Riesenschloß vorbei.

Dann aber strebten wir durch eine unwegsame Parkwiese zu auf das liebe stattliche Elternhaus, es wurde umkreist! – aber – alles war so ungepflegt, verändert, nüchtern – wohl kriegsverkommen, daß wir ins anschließende Mühlenholz flüchteten, an Heuhaufen anlehnten und auf den Elterngarten hinuntersahen und uns die Vergangenheit wieder aufzubauen versuchten. In das Elternhaus guckten wir nur hinein, um nach Wegeerlaubnis zu fragen. Durch eine Tür sahen wir jedoch, daß im Saal die schön und künstlerisch gemalten Wände (Landschaftsmaler Wolperding, Kiel) unverändert und respektiert geblieben waren. Der Eltern silberne und unsere grünen Hochzeiten sind in dem Saal gefeiert wie noch viele viele andere Familien- und Freundes-Feste. Es gab wohl weit und breit kein offeneres und gastlicheres Haus, besonders für viel Sommerbesuch aus den fernesten Ländern, wohin die Mosle-Glieder ausgewandert waren. Enkel aus Amerika sind in Salzau getauft und konfirmiert.

Salzau blieb Allen die Heimat. –

Das vorhin genannte idüllische (viel gemalte) Mühlenholz war heute verschwunden, zu Geld gemacht. An der fließenden plätschernden Kossau standen nur hoch abgesägte Baumstümpfe, wir saßen darauf frühstückend, aber das Brot schmeckte nicht. – Nirgend der lockende sauber gehaltene Weg, die große runde Ruhebank. Eine Fremd-Arbeiter-Kolonie (mehr Zigeunerlager) war da entstanden, verbunden mit Holzbrücken ohne Geländer u. ¾ Mtr. breite Löcher, die überhüpft werden mussten. Nur die kleine unvergleichlich liebliche Wassermühle war unverändert und gepflegt. Früher war es eine Gastwirtschaft mit lieben kinderlosen Wirtsleuten, Kringel und Kuchen lockten. Mosle-Kinder und -Enkel durften nur so in die gefüllten Dosen langen und pattschen. –

Im Kriegsjahr 1942 gab es dort nicht „naß noch trocken“. Über den Wirtschaftshof Salzau pilgerten wir zurück Richtung Selent. Nicht der Tagelohn eines Arbeiters ist da für Besenreinheit oder auch nur Entmistung ausgegeben; das bringt nichts in den Geldbeutel eines Pächters! Aber schönes Korn allüberall, sogar auf den Rasenflächen vor und hinter dem Schloß (feine Partie, wie früher die Leute es nannten) – 11 gleich junge starke abgestempelte Füllen-Füchse streichelten wir am Gatter, Hühner-Gänse-Entenzucht, wie ich es nie gesehen. Krieg, dem Vaterland bleibt die Wirtschaft sicher nichts schuldig. Auf Parkwegen von Fußes Breite, Gras überwuchert, gingen wir noch einen Abstecher zur „Nählade“, wie die alte Kutscherfrau Wulf uns als Erste erkannte, schwoll uns das Herz. Sie zeigte uns Blumenstauden, noch von meiner Mutter ihr geschenkt, erzählte, wie unser alter Vater ihrem kranken Mann Bauchfleisch von einem schönen Reh ans Bett getragen habe! Sie pflückte Honig-Frühbirnen knochenhart vom Baum, nur um uns etwas anzubieten. „Allen“ wollte sie erzählen, wo wir nun doch nicht mehr hinkonnten. – Wir verheimlichten, daß unsere Mägen knurrten, sagten das letzte Lebewohl und nahmen die Füße in die Hand, um den See herum gen Selent. Im Dorf Fargau (seitlich des Weges) suchte die immer rennbereite Rösie Gasthaus Boll auf, der fette alte Wirt winkte ab!! Und mit dem Kerl habe ich vor 64 Jahren alle Hopser im Kindervogelschießen getanzt, sogar links herum.- Zwei km weiter im Seekrug erreichten wir „lahmen Enten“ aber Mitgefühl. Die Frau, früher Mamsell auf Sophienhof, richtete nach liebevollen Zusprüchen uns eine recht salzige Brühwürfelsuppe – aber Wurzeln reichlich darin u. ein kleiner löffelfester Kloß! Rösie sah Annie salzwürgen, öffnete leise das Fenster und auf das Pflaster damit! Gefährlich: denn wir hatten doch Mordshunger markiert und damit Eindruck gemacht. In ihrer Speisekammer fand die nette Frau noch Reste: schöne Erbsen, Kartoffeln zum Braten und auch 2 Spiegeleier! Fettkarte hatten wir bei uns und bezahlt nahm sie M 1,50.

Bis Selent wanderte es sich besser in der Abendkühle! Wir krochen in schöne Betten, Gasthaus Siegmund, unser Salzauer Kirchgangsabsteige-Haus. Auch vom Militär „auf alle Fälle“ beschlagnahmt im Fall die Fliegerschule am Selenter See mal getroffen wäre. Wir versprachen von der Wohltat unserer „Aufnahme“ Niemand zu erzählen.

Kirche und Kirchhof lagen vor unserem Fenster, ein friedliches Bild. Wir besuchten dort viele alte Nachbarn!!! Das alte Tante Rosalie-Mosle-Grab war eingehüllt in einen Wald von wilden Rosen, deren Dornen allein Unkraut-Einbruch wehrten. Dann standen wir an der Ruhestatt unserer Schwester Adele, – wir fühlten förmlich der Eltern Segensblick auf uns herunter streicheln.

Tag Nr. 2 – Der war ohne Aufregung geplant!

In unserem Selenter Hof hatten wir gut geschlafen; ich mit 2 Tabletten, auf daß es damit bestimmt was würde! Wir ließen uns 5 ½ Uhr wecken, der Omnibus ging 6 Uhr nach Lütjenburg. Dort wollten wir dann Kaffee trinken u. Brot u. Butter auf mitgenommenen Karten einkaufen. Umgekehrt wurde die Sache! Der Omnibus-Mensch winkte ohne Erbarmen ab: „nur für Arbeiter, Militair und Schulkinder“, für alte Damen bestimmt „Reiseeinschränkungs-Verbot“. Das war hart, bös sauer hart. – „Neue Pläne“ müssen beschlafen werden, so krochen wir zurück in unsere noch warmen Betten (dicke Federgetürme) und tranken in Selent erschacherten Kaffee; aßen Mitgebrachtes, Eier, Tomaten – auf daß der Rucksack endlich leichter würde. Denn jetzt blieb keine andere Lösung als: weiter „tippeln“, Richtung Seekrug Lütjenburg! Der Morgen war köstlich, bis Seekrug waren es 8 km (gestern waren 14 geschafft) und der ganze Tag lag vor uns, leichter Wind. – Wenn die beiden die älteste Schwester mithaben wollten, mußte ihr Tempo gelten. Wir strebten also los: ½ Stunde gehen – 20 Minuten Grabenrand! ½ Stunde tippeln, 20 Minuten Fuß-Ruhe, usw, usw. So ging´s gut mit Annie´s Dickfußeinlage und meiner Puste. O, dieser Weg am See, wie viele Jahrzehnte sind wir den allsonntäglich mit Kind und Kegel gefahren von Stöfs und Rantzau bis „Großvaters Bäume“. Erinnerungen flogen nur so vorüber aus dem Herzen.

Am hohen Uferrand sitzend, im Vordergrund die alten Prachtbäume, genossen wir den ewig-gleich-lieblichen Blick über den groß blauen Selenter See mit dem Himmel darüber. Früher nur Friede und stilles Wellenplätschern, heute in Bellin eine Fliegerschule, Motoren brummen, Wasserflugzeuge üben Landungen, Aufstieg und wieder Landungen mitten im See, wie Kriegszeit es eben gebietet. – Um 1 Uhr waren unsere 8 km geschafft, auch der Seekrug war als Gasthof geschlossen, wir kamen aber unter Dach, wir gaben kein Pardon und durften auf harten Bänken ausruhen! Unser Wandern zu den alten Heimat-Orten erweichte Mitempfinden, und wie wir uns von dem Mann in Russland erzählen ließen und drei braungebrannte Badehosenmatze bewunderten, entdeckte die Wirtin sogar noch Kohlreste und abgekochte Kartoffeln in ihrer Speisekammer, eine gute Sättigung für 80Pf., denn der Kohl war bestimmt auf Speck gekocht.

Um 3 Uhr stellten wir uns quer über den Weg, fuchtelten mit Schirm und Brotbeutel!!! Und ein Auto für „zivile Sterbliche“, Erlösung überkam uns – denn die letzten 6 km bis Lütjenburg hätten wir nicht geschafft. Annie hatte dicke Füße, ich wenig Puste, nur Schwester Rösie tat munter, hatte noch heimlich schnell Gummischuhe aus meinem Sack in den ihren überführt. –

Von jetzt an gab es keinen Querkram mehr, das kleine Städtchen lag friedlich und lieblich in der Sonne, alte treue Bekannte (die restlichen noch lebenden) wurden aufgesucht. In einem grandiosen Neubau (das im Heutigen unvermeidliche Kino), am ganz unveränderten Markt wurde Kaffee geschwelgt, selbst gemachtes Eis gefuttert und die Chronik von Stadt und Land angehört – der Wirtin und uns zur gleichen Freude. –

Aber nun wanderten wir zum Kirchhof. Das schöne Elterngrab beschatteten nur noch 2 Trauerweiden, alle anderen edlen Anpflanzungen hatte der russen-harte Winter vernichtet. Ich war 3 Jahre nicht dort gewesen und sah mich nun sehnsüchtig nach dem hübschen kl. Grab unseres Gertrud Kindes um. Wo? – war es nur geblieben? Kreuz und quer ging ich und finde nichts. Es lag doch in der 2. Reihe am Hauptweg. Ich suche den Friedhof-Verwalter, – der war in Russland. Schließlich stoße ich mit dem Schirm zwischen 2 große total ausgegangene Koniferen – und treffe den Granit-Stein mit „Gertrud Jess“. Ich zitterte an allen Gliedern: das handgeschmiedete Gitter war vor 2 Jahren mit Papa´s Billigung (ohne mein Wissen) der Eisensammlung für´s Vaterland übergeben. Wo es nun keine „Grenze“ mehr gab, war ein Kreuzweg getrampelt. Mir blieb nur zu retten, was zu retten war: Ich kannte die kleine Frida Frau vom Kirchhof-Steinmetz. Beide verstanden meine Not, sie wollen alles in Ordnung bringen, und werden es tun! Solange Eltern leben, sollen sie das letzte Ruhebett vorangegangener Kinder pflegen! Was sollen sie sonst von den Ihren erwarten. –

Und damit habe ich in meinem Herzen den Schlußstrich unter unsere Heimat-Wanderung gesetzt. Ich glaube nicht, daß mir meine letzten Jahre noch eine liebe und schönere Erinnerung bringen können.

Charlotte Amalie Jess

Waterneversdorf
Pastell 2015
41,5 x 55 cm

Strand
bei Hohwacht
Öl auf Leinwan
2013
40 x 50,5 cm

Bei Klamp (Neutramm)
Aquarell und Gouache 15.7.2015
42 x 56 cm

Strandläufer
(Paraphrase)
Öl auf Papier
2013
74 x 73 cm

Sehlendorf
Pastell 2015
24 x 31 cm

Felgenberg, Hünengrab
Pastell 2015
24 x 31 cm

Panker
Pastell 2015
56 x 42 cm

Bei Lütjenburg
Aquarell 2014
28 x 37 cm

Am Fehmarnsund
Blaustift, Aquarell und Gouache 2015
24 x 30 cm

Annäherungen

Im Laufe der Jahre vergisst man fast alles, was einem im Leben widerfahren ist, vieles ganz und gar. Einiges allerdings haftet für immer; Erlebnisse, Bilder, manches somnambul und unscharf, oft belanglose Momente, aber selbst solche sind nach Jahren nicht verblasst, stellen sich bei einer ähnlichen Situation sofort wieder ein.

So verbindet sich für mich mit dem Wort „Ostsee" ein breiter glatter Strand in der Nähe von Timmendorf, der in eine niedrige Steilküste überging. Auf dieser Steilküste saßen im Oktober 1968, an jenem denkwürdigen sonnigen Morgen, drei junge Männer aus Berlin und schauten auf die vollkommen flache Ostsee. Es war still, kein Mensch zu sehen weit und breit. Anekdoten wurden erzählt, Theorien und Vermutungen diskutiert, – Berufswünsche und Lebensentwürfe: Möglichkeiten, glänzende Aussichten beschworen. Eine launige Stimmung kam auf und plötzlich, im Überschwang der Gefühle, sprang Rolf auf, griff sich einen der herumliegenden Äste, rannte runter auf den Strand und schrieb, tief in den Sand ritzend, in acht Meter großen Versalien die Worte ROLF KRÜGER, – zog die langen Linien, von denen man anfangs nicht ahnte, was das werden sollte, konzentriert und schnurgerade in den goldenen Sand. Dann kam er wortlos zurück, setzte sich wieder zu uns und sagte kein Wort. Ich weiß noch, welches Erschrecken uns beide oben auf der Steilküste erfasste beim Anblick der gewaltigen Lettern. Da lag so viel Kindliches in seinem Tun. Aber es war auch eine große Beschwörung, eindrucksvoll, trotz aller Trivialität. Doch es feierte hier ein Jungmann auf eine Art sich selbst, die sein Alter eigentlich nicht mehr zuließ. Er machte sich damit etwas lächerlich. Die Aktion war überzogen, er hatte damit einen Wechsel auf seine Zukunft in den Sand geschrieben, und wie sich später herausstellte, konnte er diesen nicht einlösen.

Er wusste von der Gefahr der Zukunft, dass jene abwägende Hoffnung, dieses unbestimmte Schicksal, nicht herausgefordert werden durfte. Er wusste, dass er sein Menetekel in den Sand schrieb – und hatte es doch getan.

Die zweite Erinnerung an Ostholstein fällt dann schon auf Anfang der siebziger Jahre, wo ich mich mit meiner Frau, eingeladen von einer Freundin, in deren Auto auf einer Sightseeing Tour befand. Wir fuhren alles ab: Eutin, Plön, Malente, wir fuhren über lauter Landzungen, links und rechts von Seen und Wald umgeben, verloren dann jede Orientierung und kamen doch, nach Durchquerung vieler Dörfer, zu unserem vornehmlichen Ziel: Kloster Cismar, norddeutsche Backsteingotik pur. Damals konnte man noch die ganze Apsis betreten, die filigrane Mauerung aus der Nähe besehen, die Sorgfalt der Arbeit, die präzisen Schlüsse. Heute ist eine Betrachtung nur von weitem möglich, eine Absperrung, eine Art Lettner, hält die Besucher auf Abstand.

Wir fanden Cismar wunderbar, aber im Gedächtnis blieb dieser Tag dann doch eher wegen einer abenteuerlichen Übernachtung, die unumgänglich wurde, weil es weit und breit in keinem Hotel mehr zwei freie Zimmer gab, und wir uns schließlich genötigt sahen, eins zu akzeptieren, welches zwar ein Doppelbett, aber eben nur dieses hatte, und eine Person auf der sogenannten Ritze schlafen musste. Wir nahmen es leicht, lachten und schwatzten bis nach Mitternacht, aber für mich wurde die Nacht dann lang, denn die Ritze war hart und ich schlief überhaupt nicht. Am nächsten Morgen an der Rezeption stand ich ziemlich lädiert da, bat um die Rechnung und sah dabei die kornblumenblauen Augen des Wirtes, die ich nie vergessen werde, wie sie mich so verärgert und abschätzig musterten. Er hatte mein bleiches Aussehen wohl falsch gedeutet, denn er entließ uns mit der Bemerkung, dass so etwas in seinem Hause nie wieder vorkommen werde.

Die dritte Berührung mit Eutin und Ostholstein sollte seltsamer Weise in Florenz sein, wo ich 1972 den Preis der Villa Romana erhalten hatte, und wir mit einigen Freunden ein Mittagessen zubereiteten. Meine Frau sang dabei „Lied auf dem Wasser zu singen", eines der berühmten Schubert-Lieder, welches zu dem 1783 entstandenen Gedicht des Friedrich Leopold Graf zu Stolberg komponiert worden war. Liest man das Gedicht vor Ort, in Eutin, weiß man sofort, dass es nur hier entstehen konnte: „Unter den Zweigen des östlichen Haines/Säuselt der Kalmus im röthlichen Schein", kann sich nur auf die Eutin umgebenden Seen beziehen. Die Freude, auf dem Wasser zu schwimmen, zu singen, zu schwanken und nicht unterzugehen, die Spiegelungen der Abendsonne auf den Wellen, das Gleiten des Kahns, jede Nuance ist hier erfasst. Barbara sang das Lied mit Lust und ohne Anstrengung und die Malerin Dora von Steiger mischte sich als zweite Stimme ein; Dora konnte die zweite Stimme aus dem Stegreif fehlerlos singen. – Es war große Kunst zu hören. Die Schubertsche Musik, seine Komposition macht das Lied erst zu einem Erlebnis. Wahrscheinlich kam die ganz große Wirkung auch daher, dass hier eher mühelos, ohne Absicht, ohne Präsenz gesungen wurde. Während des Gesangs zogen die Eutiner Seen, der Park und das Schloss, das spiegelnde Wasser und die mit Erlen und Kalmus bestandenen Ufer, die Landzungen auf denen wir hin und her gefahren waren, an mir vorbei. Ein Lied, entstanden über ein

Gedicht aus dem Norden Deutschlands, rund zweitausend Kilometer von Florenz entfernt war es niedergeschrieben worden, berührte mich zweihundert Jahre später in Italien.

Die vierte Begegnung mit Ostholstein datiert erst zwei Jahre zurück, als ich, auf der Suche nach Motiven, die Holsteinische Schweiz durchfuhr, und in der so glücklichen Fügung von Hügeln, Feldern, Wiesen und Wäldern einmal wieder, und wie sonst nirgends so deutlich, die Hand des Bauern erkannte. Dieses alte Land, wohl schon fünfhundert Jahre vor Christus gerodet und zu Feldern gewandelt, war nie als Kunstwerk gedacht, sondern geschaffen mit der Not im Nacken, im Streit erobert und im Kampf verteidigt, abgerungen dem mit schweren Steinen durchsetzten Boden in zäher, immerwährender Plage. Vieles ist nur durch Zufall entstanden, aber alles durch Arbeit. Heute zeigt sich eine Landschaft, die eben nicht ausgeklügelt geplant wurde, sondern die sich entwickelte, weil sie den Forderungen des Ackerbaus nachkam, und der Landmann ständig in Sorge um eine gute Ernte war. Nur das war wichtig. Und so formte sich, zwar in der Folge vieler Generationen immer wieder verändert, dieses einzigartige, bäuerlich geprägte Land. Überraschend vielfältig, aber stets vor dem Hintergrund der Notwendigkeit, entstand hier mit der Zeit eine Landschaft, die wir schließlich auch als ein kollektives Kunstwerk begreifen dürfen.

Klaus Fußmann

Bei Vogelsang
Pastell 2015
42 x 56 cm

Gärten in Schleswig-Holstein

Rosen (Garten)
Aquarell 2015
29 x 37,5 cm

. im Garten
l auf Leinwand
994
ollendet
014 / 2015
00 x 180 cm

Apfelblüten in Vase
Aquarell und Gouache 2015
27,5 x 37,5 cm

Garten mit Malven, Margeriten,
Calendula, Gladiolen und Mohn
Aquarell und Gouache 2015
77 x 57 cm

Margeriten und Phlox
Aquarell und Gouache 1987
30 x 39 cm

Rosen, Ziegelmauer
Öl auf Papier 2001
87 x 70 cm

Mohn und Iris
Aquarell 2015
28 x 37 cm

Garten mit Sonnenblumen,
Calendula, Mohn und Rudbeckia
Aquarell und Gouache 2013
78 x 58 cm

Garten mit Margeriten, Gladiolen,
Rudbeckia, Calendula
und Sonnenblumen
Aquarell und Gouache 2015
77,5 x 58 cm

Pfingstrosen
Aquarell und Gouache 2015
53 x 53 cm

Rosen (weiß/gelb/rosa)
Aquarell und Gouache 2014
46 x 52 cm

Düstnishy
Acryl auf
Leinwand
1989
185 x 170 cm

Garten mit Iris,
Margeriten und Mohn
Aquarell und Gouache 2014
77 x 58 cm

Iordschauwald
Öl auf Leinwand
988
7 x 58 cm

Rosen
Öl auf Leinwand 2013
40 x 40 cm

Weizenfeld /
Nachmittag
Öl auf Leinwand
2013
100 x 100 cm

Die Autoren

Julia Hümme

Dr. Julia Hümme hat Kunstgeschichte, Neuere deutsche Literatur und Medien sowie Italienisch in Marburg und Kiel studiert. Im Anschluss absolvierte sie ein Volontariat auf dem Museumsberg Flensburg. Seit sieben Jahren leitet sie das Ostholstein-Museum in Eutin.

Johann Heinrich Voß 1751 bis 1826

Voß gilt als zentrale Persönlichkeit des Eutiner Kreises. Zu Beginn seiner Zeit als Rektor am Eutiner Gymnasium ab 1782 schuf er das idyllische Vers-Epos >Luise<, mit dem er in Anlehnung an die antike griechische und römische Dichtung das ländliche Leben seiner Zeit verherrlichte – durchaus auch mit gesellschaftskritischen Anmerkungen. Die Seen- und Hügellandschaft um Eutin herum bildete für den Dichter Voß eine einzigartige Quelle der Inspiration.

Christian Cay Lorenz Hirschfeld 1742 bis 1792

Der in Kirchnüchel geborene Ostholsteiner entwickelte in der Folge der Ideen von Rousseau seine >Theorie der Gartenkunst< für einen der Natur folgenden Idealgarten. Dabei hat die Landschaft seiner Kindheit, die Holsteinische Schweiz, Hirschfelds Vorstellungen von einer „empfindsamen Stimmungslandschaft“ entscheidend mitgeprägt.

Franz Emanuel August Geibel 1815 bis 1884

Der Lübecker zählte in der 2. Hälfte des 19. Jahrhunderts zu den bekanntesten deutschen Dichtern. Allerdings wurde sein romantischer Patriotismus schon zu seinen Lebzeiten bespöttelt: Fontane prägte den Begriff der „Geibelei“ für inhaltsleere Formschönheit. Und Theodor Storm beschwerte sich mehrfach, dass seine Verse andauernd hinter die von Geibel zurückgestellt würden.

Wilhelm von Humboldt 1767 bis 1835

Der preußische Gelehrte und Staatsmann unternahm vom 3. August bis zum 17. September 1796 eine Reise durch Norddeutschland. Im Tagebuch dieser Reise, das sich in seinem Nachlass befindet, berichtet Humboldt auch von einem Besuch bei Johann Heinrich Voß in Eutin.

Wilhelm Lehmann 1882 bis 1968

Der Dichter lebte von 1923 bis zu seinem Tode in Eckernförde. Die ostholsteinische Landschaft war ihm vertraut. Das Gedicht >Fahrt über den Plöner See< entstand zu Beginn des 2. Weltkrieges. Es schildert zunächst die Idylle einer Bootsfahrt, die aber dann bedroht vom „Schreck der Zeiten“ endet. Typisch für Lehmann ist die Verkleidung aktueller Bezüge in antike Mythen, was heute das Verständnis seiner Dichtung nicht gerade erleichtert.

Friedrich Leopold Graf zu Stolberg 1750 bis 1819

Der Jurist, Übersetzer und Dichter Friedrich Leopold Graf zu Stolberg – übrigens Göttinger Hainbruder wie auch Johann Heinrich Voß – wurde 1781 Vicehofmarschall in Eutin. Am 11. Juni 1782 heiratete er im Eutiner Schloß Agnes von Witzleben, von der Voß noch Jahrzehnte nach ihrem Tode beim Anblick ihres Bildes bewundernd sagte: Sie war ein Engel. Das >Lied auf dem Wasser zu singen< hat Stolberg seiner Agnes gewidmet, es ist wohl in der Zeit ihrer Eheschließung in Eutin entstanden. Die drei schlichten Strophen gelangten zu Weltruhm durch Schuberts Vertonung.

Doris Runge

Die Lyrikerin Doris Runge lebt und arbeitet seit über 40 Jahren im Weißen Haus im Kloster Cismar. Die Hölderlin-Preisträgerin wurde für ihr Werk und ihre literaturwissenschaftliche Arbeit zur Professorin des Landes Schleswig-Holstein ernannt.
Der >Blick auf den Ukleisee< ist ein Originalbeitrag für dieses Buch.

Theodor Storm (1817 bis 1888)

Heiligenhafen ist der Schauplatz in Storms Novelle >Hans und Heinz Kirch< (1882), obwohl der Ort der Handlung – wie später auch bei Thomas Mann in den Buddenbrooks – nicht explizit benannt wird. Storm kannte die kleine Stadt an der Ostsee durch Besuche bei seinem Sohn Hans, der dort als Arzt wirkte, und durch Sommeraufenthalte bei seiner Tochter Lisbeth, die in Grube mit dem Pfarrer Haase verheiratet war.

Charlotte Amalie Jess, geb. Mosle (1865 bis 1964)

Die Tochter des Gutspächters von Salzau durchwanderte in ihrem achten Lebensjahrzehnt – zusammen mit zwei Schwestern – noch einmal die Orte ihrer Kindheit in der Hügellandschaft rund um den Selenter See. Im dritten Kriegsjahr 1942 war eine solche Unternehmung durchaus beschwerlich. Bei der Aufzeichnung dieses Ausflugs – wohl als Familien-Rundbrief gedacht – entstand ein sehr anrührendes Dokument tiefer Heimatliebe zur Holsteinischen Schweiz.

Klaus Fußmann

Der Maler Klaus Fußmann ist auch ein erfolgreicher Autor. Zu seinen wichtigsten Büchern gehören >Die verschwundene Malerei< (1986), >Die Schuld der Moderne< (1991) und >Wahn der Malerei< (2005). Sein Versuch über Arno Schmidt >Du bekommst bestimmt eine Antwort< (1991) darf zurecht als literarisches Kabinettstückchen gelten.

Selbst / Timmendorfer Strand
2015

Abend, Ostsee mit Schatten,
Aquarell 2009, 30 x 43 cm

Verzeichnis der Bilder

Seite 35 Plön Schloßplatz, Pastell 2015, 41,5 x 56 cm
Seite 36 Bei Klamp, Blaustift und Aquarell 2015, 29 x 40,5 cm
Seite 37 Blick auf Plön von Trent mit kleinem Plöner See, Pastell 2015, 42 x 56 cm
Seite 39 Malente, Pastell 2015, 42 x 56 cm
Seite 44 Heiligenhafen, Badende, Blaustift, Aquarell und Gouache 2015, 42 x 56 cm
Seite 45 Strand / Rettin, Blaustift und Aquarell 2014, 22 x 31 cm
Seite 46 Strand bei Grömitz, Aquarell 2015, 23 x 23,5 cm
Seite 48 Heiligenhafen (abends), Blaustift, Aquarell und Gouache 2015, 24 x 31 cm
Seite 50 Raps bei Lensahn, Pastell 2015, 32 x 45 cm
Seite 51 Ostsee bei Rettin, Aquarell und Gouache 2014, 42 x 56 cm
Seite 52 Strand Rettin mit Möwen, Aquarell und Gouache 2014, 29,5 x 39,5 cm
Seite 53 Strand, Grömitz, Blaustift und Aquarell 2014, 22 x 31 cm
Seite 54 Rettin, Strand, Blick nach Süden, Aquarell und Gouache 2015, 15,3 x 25 cm
Seite 55 Rettin, Strand, Blaustift, Aquarell und Gouache 2015, 15,3 x 25 cm
Seite 56 Bei Kremsdorf, Pastell 2014, 42 x 56 cm
Seite 57 Bei Klamp, Raps, Paraphrase, Pastell 2014, 42 x 56 cm
Seite 63 Waterneversdorf, Pastell 2015, 41,5 x 55 cm
Seite 64 Strand bei Hohwacht, Öl auf Leinwand 2013, 40 x 50,5 cm
Seite 65 Bei Klamp (Neutramm), Aquarell und Gouache 15.7.2015, 42 x 56 cm
Seite 66 Strandläufer (Paraphrase), Öl auf Papier 2013, 74 x 73 cm
Seite 67 Sehlendorf, Pastell 2015, 24 x 31 cm
Seite 68 Felgenberg, Hünengrab, Pastell 2015, 24 x 31 cm
Seite 69 Panker, Pastell 2015, 56 x 42 cm
Seite 70 Bei Lütjenburg, Aquarell 2014, 28 x 37 cm

Ostsee mit Läufer
2015

Bibliografie ab 1985–2014

1985 Baker, Kenneth: Beitrag im Ausstellungskatalog Lefebre Gallery, New York

1985 Shannon, Joe: „Representations Abroad“, Ausstellungskatalog, S. 86–94, Hirshhorn Museum and Sculpture Garden, Washington D.C.

1986 „Fußmann at Lefebre Gallery 1976–1986“, Ausstellungskatalog, Lefebre Gallery, New York

1986 „Skizzen aus Deutschland“, 83 Aquarelle und Zeichnungen von Klaus Fußmann, bearb. von Claus Steinrötter, Galerie Steinrötter, Münster, mit Beiträgen von Margret Kämpf, Günter Kunert und Hermann Wiesler

1986 Baur, Eva-Gesine: „Atelierbesuch bei Klaus Fußmann“, in „Pan“, Nr. 6/1986, S. 82–85

1986 Sauré, Wolfgang: „Klaus Fußmanns Blumenbilder: Ein Pessimist entdeckt die Farbe“, in „Die Kunst“, Nr. 7/8, 1986, S. 534–541

1987 „Klaus Fußmann: Gemälde, Aquarelle, Zeichnungen und Druckgrafik“. Ausstellungskatalog des Landesmuseums Schleswig-Holstein Schloss Gottorf und des ZDF, Mainz, mit Beiträgen von Dietrich Bieber, Klaus Fußmann, Werner Haftmann, Günter Kunert, Christian Rathke, Heinz Spielmann

1987 Haftmann, Werner: Text zum Katalog „Travels in Tuscany“, Ausstellungskatalog, 24 S., 18 Abb., Achim Moeller Fine Arts, Ltd., New York

1988 Baker, Kenneth: „An Artist to Collect“, in „Connoisseur“, New York, März

1988 Spielmann, Heinz: „Zu den Interpretationen“, im Katalog zu „Die Landschaft Theodor Storms – Heute“, Wanderausstellung des Landesmuseums Schleswig-Holstein

1990 Ausstellungskatalog der Galerie Ludorff, Düsseldorf, 22 Abb.

1991 Schmidt, Werner: Vorwort zum Katalog, „Klaus Fußmann, Grafik“, Kupferstichkabinett Dresden, 20 S., 8 Abb.

1991 Flemming, Hanns Theodor: „Der lautlose Dialog zwischen Innen und Außen“, in Die Welt, 8.8.1991

1991 Lietzow, Godehard: „Neue Arbeiten“, Text zur Ausstellung in der Galerie Lietzow, Berlin

1992 Spielmann, Heinz: „Klaus Fußmanns neue Grafik“, Werkverzeichnis der Druckgrafik von 1985–1991. Ausstellungskatalog des Landesmuseums Schleswig-Holstein Kloster Cismar, 132 S., 107 Abb., Edition Peerlings, Krefeld

1992 Lempilius, Uwe: „Landschaften aus Angeln“, Katalog der Ausstellung der Stadt Kappeln (mit Johannes Bauersachs und Hans-Joachim Billib).

1992 „Ansichten“, Katalog der Kunsthalle Bremen, mit Beiträgen von Siegfried Salzmann („Zu Klaus Fußmanns Sinngebung in der Malerei“), Eckhard Nordhofen („Zwei Blicke mindestens: Fußmanns antithetisches Rapsfeld“), Paul-Otto Schulz („Hella K. als Gehende“), Andreas Kreul („Kleines Wörterbuch zu K.F.“), 212 S., 156 Abb.

1992 Kunert, Günter: „Der schleswig-holsteinische Ikarus“, in Flensburger Tageblatt

1992 Spielmann, Heinz: „Klaus Fußmanns Druckgrafik“, in Kultur Journal Nr. 8

1992 Müller-Mehlis, Reinhard: Vorwort im Ausstellungskatalog, Kunstverein Hohenaschau

1994 „Gärten und Landschaften“, Ausstellungskatalog der Galerie Ludorff, Düsseldorf, 65 S., 59 Abb.

1994 „Landschaft am Niederrhein und im Bergischen“, mit einem Beitrag von Günther Stallmann, 144 S., 98 Abb., Edition Josef Peerlings, Krefeld

1995 „Klaus Fußmann auf Schloss Gottorf“, Bestandskatalog, mit Beiträgen von Heinz Spielmann, Klaus Fußmann, Christian Rathke, Thomas Gädeke; Landesmuseum Schleswig-Holstein Schloss Gottorf

1995 „Metaphern der Flora“, mit einem Vorwort von Klaus Fußmann, 144 S., Edition Josef Peerlings

1996 „Landschaften der 16 deutschen Bundesländer“, Katalog der Ausstellung im Bundeskanzleramt, mit einem Vorwort von Helmut Kohl, einem Essay von Berthold Roland und Beiträgen von Günter Kunert, Klaus Fußmann und Hermann Wiesler; Verlag Peerlings, Krefeld

1996 „Grafik III“, mit Essay von Heinz Spielmann, Cismar, Verlag Peerlings, Krefeld

1997 Schulz, Paul-Otto: „Gemalte Inventur des Werkverzeichnis Druckgrafik 1992–1996, Kloster Vaterlandes“, in Architectural Digest, Okt./Nov.

1997 „Klaus Fußmann auf Schloss Gottorf“, Bestandskatalog des Landesmuseums Schleswig-Holstein, mit Texten von Heinz Spielmann, Klaus Fußmann, Christian Rathke und Thomas Gädeke.

1998 Ausstellungskatalog „Klaus Fußmann, Bilder aus der Sammlung Großhaus“, im Museum Schloss Hardenberg, Velbert-Neviges, mit Vorwort von Cornelia Will

1998 „Reisen in Italien“, Ausstellung Landesbibliothek, Kieler Schloss, Edition Josef Peerlings, 132 S.

1999 Ausstellungskatalog, „Fußmann, das kleine Format“, Vorwort von Claus Steinrötter, Essay von Heinz Spielmann; Galerie Steinrötter, Münster

2000 „Gärten und Landschaften“, 144 S., 114 Abb., mit einem Essay von Klaus Fußmann und Gedichten von Günter Kunert, Sarah Kirsch, Robert Gernhardt; Verlag Peerlings, Krefeld

2000 „Klaus Fußmann: Werkverzeichnis der Druckgrafik der Jahre 1996–2000“, Band IV, 144 S., 154 Abb., Vorwort von Herwig Guratzsch und Essay von Thomas Gädeke, Text von Klaus Fußmann; Verlag Josef Peerlings, Krefeld und Kampen/Sylt

2001 „Bilder aus Schleswig-Holstein“, 35 Landschaften aus Schleswig-Holstein, 52 S., Altonaer Museum Hamburg, Norddeutsches Landesmuseum, Texte: Gerhard Kaufmann und Klaus Fußmann

2002 „Der Blick auf die Dinge, 44 Stillleben“, 54 S., 47 Abb., Texte von Klaus Fußmann und Claus Steinrötter; Verlag Steinrötter, Münster

2002 „Weltreisen“, Ausstellung SAP, Walldorf, mit einem Text von Hasso Plattner, 7 Aufsätzen von Klaus Fußmann und einem Essay von Hermann Wiesler, 148 S., 141 Abb., Verlag Josef Peerlings, Krefeld

2003 „Zeitsprünge“, Ausstellungskatalog, Museum am Ostwall, Dortmund, mit einem Essay von Tayfun Belgin und Texten von Hermann Wiesler und Klaus Fußmann. 176 S., 116 Abb., Verlag Josef Peerlings, Krefeld

2004 „Blumen und Landschaften“, mit einem Text von Tayfun Belgin; 89 S., 80 Abb. Ausstellungskatalog der Galerie Ludorff, Düsseldorf

2005 Schifffahrtsmuseum Flensburg, „An der Ostsee, mit Werken von Billib, Fußmann und Warwas“, 35 farbige Abb., Vorwort: Jutta Glüsing, Text: Klaus Fußmann

2005 „Wahn der Malerei“, Klaus Fußmann, 432 Seiten, 97 Abb., Siedler Verlag, München

2006 „Neuer Stil“, Ausstellungskatalog der Galerie Ludorff, Düsseldorf, mit einem Aufsatz von Klaus Fußmann, 80 S., 75 Abb.

2007 „Endgültig morgens um vier“, 18 Gedichte von Günter Kunert, 18 Steinlithos von Klaus Fußmann, Edition Eichthal, Jens Uwe Jess, Eckernförde

2006 „Botschaften aus dem Garten“, mit einem Essay von Klaus Fußmann, 144 S.; Verlag Josef Peerlings, Krefeld

2008 „Lob der Vergänglichkeit“; mit einem Essay vom Herausgeber, Heinz Spielmann, 104 S., verlegt von „Kunst in der Handelskammer“, Hamburg

2009 Heinz Spielmann: „Bilder auf Gefäßen“, in „Neue Keramik“ Nr. 1/9, 10 Abb. auf 3 Seiten

2009 „Keramik“: Verzeichnis der bemalten Vasen, sowie Kannen, Tassen und Teller, mit einem Aufsatz von Heinz Spielmann; 138 S., 186 Abb., Verlag Josef Peerlings, Kampen/Sylt

2009 „Wahn der Malerei“, Broschüre, im Pantheon Verlag, München

2010 „Ordnung und Zufall“, Malerei auf Keramik, Badisches Landesmuseum, Zweigmuseum Staufen, mit Beiträgen von Harald Siebenmorgen und Bernhard Oeschger, 52 Seiten, 45 Abb.

2011 Heinz Spielmann, Katalog der Galerie Ludorff, Düsseldorf
2011 Grafik VI, Kloster Cismar, Landesmuseum Schleswig-Holstein, Edition Peerlings
2011 „Landschaft am Horizont – Bilder aus Schleswig-Holstein", 124 Abb., Essays: Julia Hümme, Björn Engholm, Klaus Fußmann, Jochen Missfeldt; Gedichte von Günter Kunert und Fritz Schandelmeier, 144 Seiten, 122 Abb., Edition Peerlings, Krefeld
2012 „Schleiland", Text von Jochen Missfeldt, 51 Abb., Aquarelle, Pastelle von K. Fußmann, Edition Eichthal, Jens-Uwe Jess
2012 „Leute von Hamburg", Siegfried Lenz; Vorwort Helmut Schmidt; 51 Seiten, 17 Abb., Aquarelle und Pastelle von Klaus Fußmann, Verlag Felix Jud, Hamburg
2012 „Grafik VII, Andrucke und Proben 1973 – 2012", Galerie das Kunstwerk, Stade; Text: Jürgen Fitschen, 96 Seiten, 70 Abb.
2013 „Zwischen Himmel, Erde und Wasser, Retrospektive, 1966 – 2013", Osthaus Museum Hagen, mit Beiträgen von Tayfun Belgin, Jürgen Fitschen, Björn Engholm, Heinz Spielmann, Roland H. Wiegenstein; Interview: Petra Lehnert/Klaus Fußmann, 216 Seiten, 153 farbigen Abb.
2013 „Der Geist der Mirabelle", Siegfried Lenz, 15 Abb., Aquarelle, Pastelle und Tuschen von Klaus Fußmann, Hoffmann und Campe Verlag, Hamburg
2014 „Leute von Hamburg", Siegfried Lenz, Vorwort: Helmut Schmidt, 68 Seiten, 16 Abb. von Hamburg von Klaus Fußmann, Hoffmann u. Campe Verlag
2014 „Keramik II, Werkverzeichnis 2009 – 2014", WE-Nr.: 185 – 532, 410 farbige Abb., 347 Objekte, Text: Kirsten Baumann, Thomas Gädeke, Kloster Cismar, Schleswig-Holsteinisches Landesmuseum
2015 Vorwort im Katalog „Klaus Fußmann, der Mensch und seine Dinge", Gruppe Markert, Hamburg, Dagmar Lott-Reschke

Bei Kirchmühl
2015

Biografie (Auswahl)

1938	geboren am 24. März in Velbert (Rheinland)
1957-61	Studien an der Folkwang-Schule in Essen-Werden
1962-66	Studium an der Hochschule für Bildende Künste Berlin
1972	Ausstellung, Villa Hammerschmidt, Bonn Ausstellung, Neue Nationalgalerie Berlin Preis der Böttcherstraße, Bremen Preis der Villa Romana, Florenz
Seit 1972	Aufenthalte in Gelting
1974	Professor an der Hochschule der Künste Berlin
1977	Overbeck Gesellschaft, Lübeck
1979	Preis der Stadt Darmstadt
1980	Ausstellung, Suermondt-Ludwig-Museum, Aachen
1982	Atelier in Gelting Ausstellung, Mathildenhöhe, Darmstadt
1982	Ausstellung, Landesmuseum, Oldenburg
1985	„Representations Abroad", Hirshhorn-Museum, Washington, D.C.
1987	Retrospektive Ausstellung, Landesmuseum Schleswig-Holstein, Schloß Gottorf, Schleswig
1988	Ausstellung, Henri-Nannen-Museum, Emden
1989	Mitglied der Freien Akademie Hamburg
1991	Ausstellung, Grafik, Staatliche Kunstsammlungen Dresden (Albertina)
1992	Retrospektive Ausstellung, „Ansichten", Kunsthalle Bremen Ausstellung, Grafik, Landesmuseum Schleswig-Holstein, Kloster Cismar
1996/97	Ausstellung, „Landschaften" im Bundeskanzleramt, Bonn, im ZDF Mainz, in der Staatskanzlei, Erfurt, im Sächsischen Landtag, Dresden, im Deutschen Historischen Museum, Berlin
1997	Ausstellung, Grafik, Landesmuseum Schleswig-Holstein, Kloster Cismar

1998	Ausstellung, „Reisen in Italien“, Landesbibliothek Schleswig-Holstein, Kiel
2000	Ausstellung, Grafik, Landesmuseum Schleswig-Holstein, Kloster Cismar
2002	Ausstellung, Altonaer Museum, Hamburg Ausstellung „Weltreisen“, SAP, Walldorf
2003	Retrospektive Ausstellung „Zeitsprünge“, Museum am Ostwall, Dortmund
2004	Gestaltung der Empfangshalle des Axel-Springer-Verlags, Berlin, mit zwei großflächigen Bildern
2006	Gestaltung der Decke im Spiegelsaal, Museum für Kunst und Gewerbe Hamburg
2007	Ausstellung „Fußmann“ aus der Sammlung Großhaus im Landesmuseum Schleswig-Holstein, Schloß Gottorf, Schleswig
2007	Im Winter erste Bemalung von Keramik (Vasen und Krüge)
2008	Beginn der Bemalung von Tassen, Kannen und Tellern
2009	Keramikausstellung, Galerie Josef Peerlings, Kampen, Sylt, mit Katalog: WVZ 1 – 184
2010	Ausstellung der Keramik im Badischen Landesmuseum Karlsruhe, Filiale Keramikmuseum, Staufen, Katalog mit 67 Abbildungen
2010	Ausstellung, „Grafik VI, 2005 – 2010“, sowie Bilder von 1968 – 2009, Landesmuseum Schleswig-Holstein, Kloster Cismar
2011	Ausstellung „Landschaft am Horizont“, Ostholstein-Museum Eutin, Katalog mit 112 Abbildungen
2013	Retrospektive Ausstellung, Werke 1966 – 2013, Osthaus Museum Hagen, Katalog mit 153 Abbildungen
2014	Ausstellung, „Keramik II“, Landesmuseum Schleswig-Holstein, Kloster Cismar, Katalog WVZ 185 – 532
2015	Preis der Ike und Berthold Roland-Stiftung, Mannheim
2015	Ausstellung „Der Mensch und seine Dinge“, Gruppe Markert, Hamburg
2015	Ausstellung „Stadt Land Seen“, Ostholstein-Museum Eutin

Strandspaziergang mit Hunden (Abends)
Aquarell und Gouache 2015 52 x 53 cm

Stadt Land Seen

Klaus Fußmann in Holstein

64 Gemälde, Pastelle und Aquarelle

Vorzugsausgabe 200 Exemplare

mit dem Linolschnitt *Landschaft in Ostholstein*

Gesamtherstellung: Druckerei & Verlag Steinmeier, Deiningen

Bezug Edition Eichthal, Eichthal 1, 24340 Eckernförde

Telefon 04351/82584 Fax 04351/476092

Mail jess@edition-eichthal.de

Web www.edition-eichthal.de

ISBN 978-3-9817066-2-8

Holsteinische Schweiz bei Kniphagen
2015